Mi biblioteca de ciencias

Una excursión por la Tierra

Lisa J. Amstutz y Alma Patricia Ramirez

Rourke Educational Media
A Division of Carson Dellosa Education®

ROURKE'S **SCHOOL to HOME** CONNECTIONS

ANTES Y DURANTE LAS ACTIVIDADES DE LECTURA

Antes de la lectura: *Desarrollo del conocimiento del contexto y el vocabulario*

Desarrollar el conocimiento del contexto puede ayudar a los niños a procesar la información nueva y usar como base lo que ya saben. Antes de leer un libro, es importante utilizar lo que ya saben los niños acerca del tema. Esto los ayudará a desarrollar su vocabulario e incrementar la comprensión de la lectura.

Preguntas y actividades para desarrollar el conocimiento del contexto:

1. Ve la portada del libro y lee el título. ¿De qué crees que trata este libro?
2. ¿Qué sabes de este tema?
3. Hojea el libro y echa un vistazo a las páginas. Ve el contenido, las fotografías, los pies de las fotografías y las palabras en negritas. ¿Estas características del texto te dieron información o predicciones acerca de lo que leerás en este libro?

Vocabulario: El vocabulario es la clave para la comprensión de la lectura

Use las siguientes instrucciones para iniciar una conversación acerca de cada palabra.

- Lee las palabras de vocabulario.
- ¿Qué te viene a la mente cuando ves cada palabra?
- ¿Qué crees que significa cada palabra?

Palabras de vocabulario:

- *erosión*
- *meseta*
- *placas*
- *valles*

Durante la lectura: *Leer para obtener significado y entendimiento*

Para lograr la comprensión profunda de un libro, se anima a los niños a que usen estrategias de lectura detallada. Durante la lectura, es importante hacer que los niños se detengan y establezcan conexiones. Estas conexiones darán como resultado un análisis y entendimiento más profundos de un libro.

Lectura detallada de un texto

Durante la lectura, pida a los niños que se detengan y hablen acerca de lo siguiente:

- Partes que sean confusas
- Palabras que no conozcan
- Conexiones texto a texto, texto a ti mismo, texto al mundo
- La idea principal en cada capítulo o encabezado

Anime a los niños a usar las pistas del contexto para determinar el significado de las palabras que no conozcan. Estas estrategias ayudarán a los niños a aprender a analizar el texto más minuciosamente mientras leen.

Cuando termine de leer este libro, vaya a la última página para ver una **Actividad para después de la lectura.**

Contenido

¿Qué es un accidente geográfico?

Los accidentes geográficos son diferentes tipos de terreno que componen la superficie de la Tierra.

Pueden ser grandes o pequeños.

¡Hagamos un recorrido!

Tipos de accidentes geográficos

Algunos lugares tienen montañas altas. Se elevan hasta las nubes.

Las cuencas son formaciones en forma de tazón en la superficie de la Tierra. Algunas están llenas de agua.

Algunos lugares tienen cerros. Los cerros son más chicos que las montañas.

Algunos lugares son lisos y planos.

A estos lugares se les llama planicies.

Los **valles** son llanuras entre cerros y montañas.

Los cañones son valles con lados muy empinados.

Una **meseta** se eleva por encima de la tierra que la rodea.

Es plana en la parte de arriba.

Una isla es una pieza de tierra rodeada de agua por todos lados.

Siempre en movimiento

Los accidentes geográficos pueden cambiar de tamaño y forma.

Las **placas** que componen la capa exterior de la Tierra están siempre en movimiento.

El movimiento forma montañas y valles.

Esta línea en la Tierra es donde se encuentran dos placas

El viento y el agua también le dan forma a la tierra. Desgastan la tierra y las rocas. A esto se le llama **erosión**.

Los humanos también le dan forma a la Tierra. Mueven las rocas y la tierra. Crean cerros y cuencas.

Esta máquina es un tipo de excavadora.

Glosario de fotografías

erosión (e-ro-sión): El desgaste de algo ocasionado por el agua o el viento.

meseta (me-se-ta): Área de tierra nivelada que es más alta que el área que la rodea.

placas (pla-cas): Las piezas planas, rígidas y rocosas que componen la corteza exterior de la Tierra.

valles (va-lles): Áreas bajas de tierra entre cerros o montañas.

Actividad

Frenando la erosión

Con el tiempo, el agua ocasiona erosión. ¿Crees que la tierra se erosionará más rápido debajo de grava, pasto o más tierra?

Materiales

botellas de dos litros, vacías y limpias (3)
cuchillo con filo
bandeja
tierra
grava
pasto cortado
tazones (3)

Instrucciones

1. Pide a un adulto que corte un rectángulo en el lado en cada botella. Pon las botellas de lado en la bandeja.
2. Pon la misma cantidad de tierra en cada botella. Llénalas hasta aproximadamente dos tercios.
3. Cubre la tierra en una botella con grava. Pon el pasto sobre la tierra en la segunda botella. Deja la tierra en la tercera botella al descubierto.
4. Coloca un tazón abajo de la boca de cada botella. Vierte el agua sobre la tierra. Recoge lo que se escurra en el tazón.
5. Observa: ¿Cuánta tierra se erosiona de cada botella? ¿Cuál botella soltó más tierra erosionada? ¿Y cuál menos?

Índice

Acerca del autor

Lisa J. Amstutz es autora de más de 100 libros infantiles. A ella le gusta aprender acerca de las ciencias y compartir datos divertidos con los niños. Lisa vive en una pequeña granja con su familia, dos cabras, un averío de gallinas y una perrita que se llama Daisy.

Actividad para después de la lectura

¿Cuántos accidentes geográficos puedes encontrar cerca de tu casa? ¿Ves cerros o planicies? ¿Ves valles o montañas? Haz una lista.

Library of Congress PCN Data

Una excursión por la Tierra / Lisa J. Amstutz
(Mi biblioteca de ciencias de la Tierra y el espacio)
ISBN (hard cover)(alk. paper) 978-1-73164-906-5
ISBN (soft cover) 978-1-73164-854-9
ISBN (e-Book) 978-1-73164-958-4
ISBN (e-Pub) 978-1-73165-010-8
Library of Congress Control Number:2021935469

Rourke Educational Media
Printed in the United States of America
01-1872111937

www.rourkeeducationalmedia.com

Editado por: Hailey Scragg
Diseño de portada: Rhea Magaro-Wallace
Diseño de interiores: Jen Bowers
Traducción: Alma Patricia Ramirez
Photo Credits: Cover logo: frog © Eric Phol, test tube © Sergey Lazarev, p4 © sturti, p5 © Gregory E. Clifford, p6 © Tetiana Garkusha, p8 © helivideo, p9 © Gary Tognoni, p10 & p22 © Matt Anderson, p11 © Arpad Benedek, p12 & p 22 © Alex Potemkin, p 13 © jacquesvandinteren, p14 © tobiasjo, p15 © rusm, p16 & p22 © Naeblys, p17 © Andypott, p18 & p22 © tracielouise, p20 © CUHRIG, p21 © MarinaZg, All interior images from istockphoto.com.